AMRA

Wallace Wattles

Die Gesetze von Erfolg und Resonanz

Wohlstand aus der Kraft deiner Gedanken

Aus dem Amerikanischen
von Michael Nagula

AMRA

Titel der amerikanischen Originalausgaben:
THE LAW OF ATTRACTION. THE LAW OF OPULENCE
aus »Nautilus«, herausgegeben von Elizabeth Towne

Besuchen Sie uns im Internet:
www.amraverlag.de

Auf der Reitbahn 8, D-63452 Hanau
Telefon: + 49 (0) 61 81–18 93 92
Kontakt: info@amraverlag.de

Herausgeber	Michael Nagula
Umschlag & Satz	Günter Treppte
Druck	CPI Moravia Books s.r.o.

ISBN 978-3-939373-26-1

Inhalt

*»Wenn es ein bestimmtes Buch gibt,
das man gerade unbedingt lesen muss,
dann wird es einem zur rechten Zeit
in die Hände gelegt.«*

Wallace Wattles

Vorwort

Im Universum regiert das Gesetz – ein großes Gesetz. Seine Manifestationen sind vielgestaltig, aber vom Höchsten aus gesehen gibt es nur ein Gesetz. Einige seiner Manifestationen sind uns vertraut, gewisse andere fast vollkommen unbekannt. Doch wir lernen jeden Tag etwas mehr – der Schleier wird allmählich gelüftet.

Wir reden gelehrt vom Gesetz der Schwerkraft und ignorieren diese gleichermaßen wundervolle Manifestation: DAS GESETZ DER ANZIEHUNG. Dabei sind wir sehr wohl mit dieser wundervollen Manifestation des Gesetzes vertraut, das die Atome, aus der die Materie besteht, anzieht und zusammenhält. Wir erkennen die Macht des Gesetzes an, das Körper zur Erde zieht und die kreisenden Welten an ihrem Platz hält, aber wir verschließen unsere Augen vor dem machtvollen Gesetz, das die Dinge zu uns bringt, die wir uns wünschen oder die wir fürchten, die unser Leben bereichern oder es uns schwer machen.

Wenn wir nur endlich begreifen würden, dass Denken eine Kraft ist – eine Manifestation von Energie –, die eine magnetartige Anziehung besitzt, dann könnten wir das Warum und Weshalb vieler Dinge verstehen, die uns bisher dunkel erschienen. Kein Studium entlohnt den Schüler so gut für seine Zeit und seine Mühe wie das Studium der Wirkungsweise dieses machtvollen Gesetzes in der Welt des Denkens – des Gesetzes der Anziehung.

Beim Denken senden wir Schwingungen einer feinen ätherischen Substanz aus, die ebenso real sind wie die Schwingungen, die sich als Licht, Wärme, Elektrizität und Magnetismus ausdrücken. Dass diese Schwingungen für unsere fünf Sinne nicht wahrnehmbar sind, beweist nicht, dass sie nicht existieren. Ein starker Magnet wird Schwingungen aussenden und eine Kraft ausüben, die genügt, ein Hunderte von Kilo schweres Stück Stahl anzuziehen, und doch können wir diese machtvolle Kraft weder sehen, schmecken, riechen noch spüren.

Auch Gedankenschwingungen können gewöhnlich weder gesehen, geschmeckt, gerochen, gehört noch gespürt werden, obwohl nachweislich Fälle bekannt sind, in denen Menschen besonders sensibel auf psychische Eindrücke reagierten und starke Gedankenwellen wahrgenommen haben. Viele von uns können bestätigen, dass wir die Gedankenschwingungen anderer deutlich gespürt haben, sowohl in Gegenwart des Senders als auch aus der Ferne. Telepathie und verwandte Phänomene sind keine unsinnigen Fantastereien.

Licht und Wärme entstehen durch Schwingungen von erheblich niedrigerer Intensität, als dies bei Gedanken der Fall ist – der Unterschied besteht einzig in der Schwingungsfrequenz.

Die Annalen der Wissenschaft werfen ein interessantes Licht auf diese Frage.

Professor Elisha Gray, ein bedeutender Wissenschaftler, schreibt in seinem Buch *The Miracles of Nature:*

> Die Vorstellung, dass Schallwellen existieren, die kein menschliches Ohr hören kann, und farbige Lichtwellen, die kein Auge sehen kann, gibt sehr zu denken. Der lange, dunkle, klanglose Bereich zwischen 40.000 und 400.000.000.000.000 Schwingungen pro Sekunde und der grenzenlose Bereich jenseits von 700.000.000.000.000 Schwingungen pro Sekunde, in dem das Licht im Universum der Bewegung erlöscht, macht es möglich, sich ausführlichen Spekulationen hinzugeben.

M. M. Williams, der das Buch *Short Chapters in Science* verfasste, meint:

> Es gibt keinen allmählichen Übergang zwischen den rasantesten Wellenbewegungen oder dem Beben, das unseren Eindruck von Klang hervorbringt, und den langsamsten Wellenbewegungen, die unsere Empfindungen wohltuender Wärme erzeugen. Zwischen ihnen klafft ein riesiger Abgrund, breit genug, um eine andere Welt der Bewegung zu enthalten, die zwischen unserer Welt des Klangs und unserer Welt der Wärme und des Lichtes liegt. Es gibt auch keinen vernünftigen Grund anzunehmen, dass Materie einer solchen, dazwischenliegenden Aktivität nicht fähig sein sollte oder dass eine solche Aktivität nicht Anlass zu Empfindungen gäbe, die dazwischen einzuordnen sind, vorausgesetzt, dass Organe existieren, die ihre Bewegungen aufnehmen und in Empfindungen umsetzen können.

Ich zitiere diese beiden Koryphäen lediglich, um Ihnen Stoff zum Nachdenken zu geben, nicht um Ihnen zu zeigen, dass kein Weg an der Existenz von Gedankenschwingungen vorbeiführt.

Letzteres ist eine Tatsache, die bereits zur Zufriedenheit zahlreicher Erforscher dieses Themas hinreichend bestätigt wurde, und kurzes Nachdenken wird Ihnen zeigen, dass das mit Ihren eigenen Erfahrungen übereinstimmt.

Wir haben oft die allseits bekannte Aussage der Mentalen Wissenschaft (Mental Science) gehört: »Gedanken sind Dinge.« Und wir sprechen diese Worte aus, ohne uns bewusst zu machen, was sie eigentlich bedeuten. Wenn wir die Wahrheit dieser Aussage anerkennen und uns die natürlichen Konsequenzen klarmachen, sollten wir vieles verstehen, was uns bisher dunkel erschien, und wir sollten in der Lage sein, die wundervolle Macht der Gedankenkraft ebenso einzusetzen wie jede andere Manifestation von Energie.

Wie gesagt, Denken setzt Schwingungen sehr hohen Grades in Bewegung, die aber ebenso real sind wie die Schwingungen von Licht, Wärme, Klang und Elektrizität. Und wenn wir die Gesetze verstehen, nach denen die Erzeugung und Übertragung dieser Schwingungen erfolgt, werden wir sie in unserem täglichen Leben einsetzen können, nicht anders, als wir es bereits mit den besser bekannten Energieformen tun.

Dass wir diese Schwingungen weder sehen, hören, wiegen noch messen können, ist kein Beweis dafür, dass es sie nicht gibt.

Es gibt ja auch Schallwellen, die kein menschliches Ohr hören kann, obwohl manche zweifellos von den Ohren einiger Insekten registriert werden, und andere werden von empfindlichen wissenschaftlichen

Instrumenten aufgefangen, die vom Menschen erfunden wurden. Es klafft also eine große Lücke zwischen den Klängen, die von den empfindlichsten Instrumenten gemessen werden, und der Grenzlinie, die der menschliche Geist auf Grund seiner Vernunft zwischen Schallwellen und einigen anderen Schwingungsformen zieht.

Und es gibt auch Lichtwellen, die das menschliche Auge nicht registriert, von denen einige vielleicht durch empfindlichere Instrumente registriert werden, und viele weitere Schwingungen, die so fein sind, dass das Instrument, das sie messen kann, noch nicht erfunden wurde, obwohl jedes Jahr Verbesserungen erfolgen und der Bereich des Unerforschten immer kleiner wird.

Werden neue Instrumente erfunden, registrieren sie neue Schwingungen – und doch waren die Schwingungen schon vor der Erfindung des Instruments genauso real vorhanden.

Angenommen, wir hätten keine Instrumente, um Magnetismus zu messen – man könnte mit Fug und Recht die Existenz dieser starken Kraft leugnen, weil sie nicht geschmeckt, gefühlt, gerochen, gehört, gesehen, gewogen oder gemessen werden kann. Dabei würde der mächtige Magnet weiter Kraftwellen aussenden, die ausreichen, um schwere Stahlteile anzuziehen, die Hunderte von Kilo schwer sind.

Jede Schwingungsform bedarf einer eigenen Art von Instrument, um sie zu registrieren. Im Augenblick scheint das menschliche Gehirn das einzige Instrument zu sein, das in der Lage ist, Gedankenwellen zu registrieren, obwohl Okkultisten behaupten, dass noch in diesem Jahrhundert Wissenschaftler Geräte erfinden werden, die empfindlich genug sind, um solche Eindrücke aufzufangen.

Inzwischen häufen sich sogar die Hinweise, dass eine solche Erfindung jederzeit erfolgen kann. Die Nachfrage existiert und wird zweifellos bald befriedigt werden. Aber für diejenigen, die mit angewandter Telepathie bereits experimentiert haben, ist eigentlich kein weiterer Beweis nötig als die Ergebnisse ihrer eigenen Experimente.

Wir senden unablässig mit mehr oder weniger hoher Intensität Gedanken aus, und wir ernten die Ergebnisse dieser Gedanken, denn unsere Gedankenwellen beeinflussen uns und andere nicht nur, sie haben auch eine anziehende Wirkung. Sie ziehen die Gedanken anderer an – Dinge, Umstände, Menschen, »Glück«, je nach Wesensart des Gedankens, der in unserem Geist vorherrscht.

Gedanken der Liebe werden die Liebe anderer Menschen anziehen – Umstände und Verhältnisse, die dem Gedanken entsprechen, Personen, die ähnlich denken. Gedanken voller Zorn, Hass, Neid,

Bosheit und Eifersucht werden das stinkende Gezücht ähnlicher Gedanken anziehen, die dem Geist anderer Menschen entstammen – oder Umstände, in denen wir aufgefordert werden, diese abscheulichen Gedanken zu manifestieren, worauf wir sie wieder von anderen zurückerhalten, von Menschen, die Disharmonie manifestieren. Ein starker Gedanke oder ein Gedanke, der lange genug anhält, wird uns zum Zentrum der Anziehung entsprechender Gedankenwellen anderer machen.

Gleich und gleich gesellt sich gern in der Gedankenwelt. Was ihr sät, das werdet ihr auch ernten. Menschen vom gleichen Schlag finden einander in der Gedankenwelt. Flüche kehren wie Hühner ins heimische Nest zurück und bringen ihre Freunde mit. Der Mann oder die Frau, die von Liebe erfüllt ist, sieht überall nur Liebe und zieht Liebe an. Jemand mit Hass im Herzen erfährt jeglichen Hass, den er gerade noch ertragen kann.

Jemand, der ständig »Kampf« denkt, wird gewöhnlich überall auf Widerstand stoßen, bis er sich durchgekämpft hat. Und so geht es immer weiter – durch die drahtlose Telegrafie des Geistes bekommt jeder, wonach er verlangt.

Der Mann, der morgens schon mürrisch aufsteht, schafft es meistens noch vor dem Ende des Frühstücks, die ganze Familie in die gleiche Stimmung zu versetzen. Die Frau, die unablässig nörgelt, findet gewöhnlich im Laufe des Tages genug, an dem sie herumnörgeln kann. Das Thema der gedanklichen Anziehung ist äußerst tiefgreifend.

Wenn Sie anfangen, darüber nachzudenken, werden Sie ziemlich bald feststellen, dass der Mensch seine Umgebung selbst erschafft, auch wenn er anderen die Schuld gibt.

Ich habe aber auch Menschen kennen gelernt, die dieses Gesetz begriffen haben und noch bei der größten Disharmonie ringsum positive und ruhige Gedanken aufrechterhielten. Sie glichen dem Gefäß, aus dem Öl ins sprudelnde Wasser gegossen wird – sie blieben gefasst und ruhig, während um sie herum die Wogen hoch schlugen.Hat man sich einmal die Funktionsweise dieses Gesetzes zu eigen gemacht, ist man nicht mehr auf Gedeih und Verderb launischen Gedankenstürmen ausgeliefert.

Wir haben das Zeitalter der physischen Kraft durchlaufen und befinden uns jetzt in der Epoche der intellektuellen Vorherrschaft – und treten gerade in einen neuen und noch nahezu unbekannten Bereich ein, den der psychischen Kraft. Dieser Bereich hat seine bestehenden Gesetze, und wir sollten uns mit ihnen vertraut machen, weil wir sonst an die Wand gedrückt werden von all den Dingen, die wir unwissentlich auslösen.

Nutzen Sie die Gelegenheit, die Ihnen die vorliegende Abhandlung bietet, und machen Sie sich mit den zu Grunde liegenden Prinzipien auf dem neuen Gebiet der Energie vertraut, das sich vor uns auftut. Dann können Sie diese gewaltige Kraft für sich und andere einsetzen, für berechtigte und gute Zwecke, so wie die Menschen sich heute schon völlig selbstverständlich der Dampfkraft, Elektrizität und anderer Formen der Energie bedienen.

WILLIAM WALKER ATKINSON
Autor des Buches »Gedankenvibration oder Das Gesetz der Anziehung in der Gedankenwelt«

Teil I

Das Gesetz der Anziehung

Entdecke in diesem kraftvollen Essay
die unveränderliche, wissenschaftliche Ursache
für Erfolg, die allen Menschen
zur Verfügung steht, und beginne noch heute,
sie auf dein Leben anzuwenden,
um die gewünschten Wirkungen zu erzielen.
Auf diesen Seiten bringt Wallace Wattles
dir bei, wie du mit Bestimmtheit erfährst,
dass du erfolgreich sein kannst,
und er weist dir den Weg dorthin.
Die Macht liegt in deinen Gedanken.
Meistere die Prinzipien, die Wattles präsentiert,
dann kannst du gar nicht anders, als dich
auf die Erlangung deiner Ziele hinzubewegen.

1

Setze die Ursache für deinen Erfolg

Erfolg heißt, das zu bekommen, was man sich wünscht – und Erfolg ist eine Wirkung, die sich daraus ergibt, dass eine Ursache gesetzt wurde. Erfolg fällt im Wesentlichen immer gleich aus; der Unterschied besteht in den Dingen, die erfolgreiche Menschen sich wünschen, nicht im Erfolg selbst.

Wie gesagt, Erfolg fällt im Wesentlichen immer gleich aus, ob das Ergebnis nun die Erlangung von Gesundheit, Wohlstand, Weiterentwicklung oder einer bestimmten Position ist. Erfolg *ist* diese Erlangung, ungeachtet der erlangten Sache.

Und es ist ein Naturgesetz, dass dieselbe Ursache auch immer dieselbe Wirkung hervorruft. Wenn also Erfolg immer gleich ausfällt, muss auch die Ursache des Erfolgs immer die gleiche sein.

Die Ursache des Erfolgs liegt immer in der Person, die erfolgreich ist.

Du wirst noch sehen, dass das wahr sein muss, denn läge die Ursache des Erfolgs in der Natur, außerhalb der Person, dann wären alle Personen in ähnlichen Situationen erfolgreich.

Die Ursache des Erfolgs liegt nicht etwa am Umfeld des Einzelnen, denn wäre das so, wären alle Personen in einem bestimmten Umkreis erfolgreich und Erfolg wäre lediglich eine Frage der richtigen Umgebung – und wir sehen ja, dass Personen, deren Umfeld praktisch gleich ist und die in derselben Gegend leben, alle erdenklichen Abstufungen von Erfolg und Scheitern zeigen. Dadurch wissen wir, dass die Ursache des Erfolgs im Individuum liegen muss, und nirgendwo sonst.

Es folgt daraus die mathematische Gewissheit, dass du erfolgreich sein wirst, wenn du die Ursache des Erfolgs herausfinden kannst, sie stark genug entwickelst und angemessen für deine Zwecke einsetzt, denn der Einsatz einer hinreichenden Ursache wird zwangsläufig eine bestimmte Wirkung erzielen. Kommt es in irgendeiner Hinsicht zum Misserfolg, liegt das daran, dass die Ursache entweder nicht stark genug gesetzt war oder nicht hinreichend Anwendung gefunden hat.

Die Ursache des Erfolgs ist eine Kraft in dir.

Du hast die Kraft, jede Macht in grenzenlosem Ausmaß zu entwickeln, denn geistiges Wachstum kennt kein Ende. Du kannst das Ausmaß dieser Macht unendlich steigern und sie so weit stärken, dass du das kannst, was du tun willst.

Ist die Macht stark genug, kannst du lernen, sie auf deine Arbeit anzuwenden, und dadurch kannst du gewiss erfolgreich sein. Du musst nur die Ursache des Erfolgs in Erfahrung bringen und wie du sie einsetzen kannst.

Es ist wesentlich, dass du die speziellen Fähigkeiten entwickelst, die für deine Zwecke nötig sind.

Wir erwarten ja auch nicht, dass jemand als Musiker erfolgreich ist, ohne musische Fähigkeiten entwickelt zu haben – und es wäre absurd, von einem Mechaniker zu erwarten, dass er erfolgreich ist, ohne technische Fertigkeiten entwickelt zu haben, oder von einem Geistlichen, dass er erfolgreich ist, ohne ein spirituelles Verständnis und den überzeugenden Umgang mit Worten entwickelt zu haben, oder von einem Bankier, dass er erfolgreich ist, ohne sich im Finanzwesen auszukennen.

Wenn du dich für einen Beruf entscheidest, solltest du den wählen, der den Einsatz deiner größten Fähigkeiten verlangt.

Besitzt du gute technische Fertigkeiten, bist jedoch nicht besonders spirituell und kannst auch mit Worten nicht so gut umgehen, versuche nicht zu predigen. Hast du einen vortrefflichen Geschmack und besitzt das Talent, Farben und Stoffe zu entzückenden Hutkreationen und Kleidern zu kombinieren, lerne nicht Maschine schreiben oder Stenografie – entscheide dich für einen Beruf, in dem deine größten Fähigkeiten gefordert werden, und entwickle diese Fähigkeiten so gut du kannst.

Aber selbst das genügt noch nicht, um den Erfolg zu garantieren.

Es gibt Menschen mit einem erlesenen musischen Talent, die als Musiker scheitern, mit guten technischen Fertigkeiten, die als Tischler, Schmied oder Maschinenbauer scheitern, mit einer tiefen Spiritualität und der Fähigkeit, sich beredt auszudrücken, die als Geistliche scheitern, mit einem scharfen und logischen Verstand, die als Anwälte scheitern, und dieses Phänomen findet sich überall.

Die speziellen Fähigkeiten, die in deinem Beruf benötigt werden, sind Werkzeuge, deren du dich bedienst.

Aber Erfolg hängt nicht allein davon ab, dass man gute Werkzeuge hat. Er hängt vielmehr von der Kraft ab, die sich der Werkzeuge bedient und sie einsetzt. Achte darauf, dass du die besten Werkzeuge hast, und halte sie im allerbesten Zustand.

Du kannst jede Fähigkeit in jedem gewünschten Ausmaß entwickeln.

Der Einsatz musischer Fähigkeiten führt zu Erfolg in der Musik, derjenige technischer Fertigkeiten zu

Erfolg auf technischem Gebiet, derjenige finanzieller Kenntnisse zu Erfolg im Bankenwesen, und so weiter. Die Ursache des Erfolgs ist das, was diese Fähigkeiten richtig einsetzt, oder bewirkt, dass sie richtig eingesetzt werden.

Du bist es, der die Werkzeuge benutzt. Etwas in dir bewirkt, dass du die Werkzeuge auf die richtige Weise, zur richtigen Zeit und am richtigen Ort benutzt, und das ist die Ursache des Erfolgs.

Was ist dieses Etwas in dir, durch das du deine Fähigkeiten erfolgreich einsetzt?

* * *

Worum es sich dabei handelt und wie du es entwickeln kannst, wird ausführlich im nächsten Kapitel besprochen. Aber bevor du es angehst, solltest du erst diesen Abschnitt noch mehrmals lesen, damit sich dir die unwiderlegbare Logik der Aussage einprägt, dass du erfolgreich sein kannst.

Du KANNST erfolgreich sein! Und wenn du den vorangegangenen Argumenten folgst, wirst du davon auch überzeugt sein.

Die hundertprozentige Überzeugung, dass du erfolgreich sein KANNST, ist die erste Voraussetzung für Erfolg!

2

Warum du das kannst, was du tun willst

Die Fähigkeiten des menschlichen Geistes sind die Werkzeuge, durch die Erfolg erlangt wird, und der richtige Einsatz dieser Werkzeuge für deine Zwecke oder in deinem Beruf wird zum Erfolg führen und dir bringen, was du dir wünschst.

Einige Wenige sind erfolgreich, weil sie ihre Fähigkeiten erfolgreich einsetzen, und die Mehrheit, die gleichermaßen geeignete Fähigkeiten besitzt, scheitert, weil sie sie nicht erfolgreich einsetzt. Derjenige, der erfolgreich ist, besitzt etwas, was es ihm ermöglicht, seine Fähigkeiten erfolgreich einzusetzen, und dieses Etwas muss von allen ausgebildet werden, die Erfolg haben wollen.

Die Frage ist: Worum handelt es sich?

Es ist schwer, ein Wort dafür zu finden, das nicht in die Irre führt. Dieses Etwas ist eine Haltung, ein inneres Gleichgewicht, ein Schwebezustand, der zu sicherem Auftreten führt. Es ist eine Haltung inneren Friedens und der Macht gleichermaßen, und doch ist es mehr als das, denn eine Haltung ist ein Zustand, und dieses Etwas ist ebenso eine Handlungsweise wie eine Haltung.

Dieses Etwas ist ein Glaube, aber es ist mehr als das, was gemeinhin unter einem Glauben verstanden wird. Gemeinhin zeichnet ein Glaube sich dadurch aus, dass man an Dinge glaubt, die nicht bewiesen werden können – und dieses Etwas, das Erfolg herbeiführt, ist *mehr* als das!

Es ist die Bewusste Macht in Tätigkeit. Es ist AKTIVES MACHT-BEWUSSTSEIN.

Macht-Bewusstsein ist das, was du spürst, wenn du weißt, dass du etwas kannst, wenn du weißt, WIE du es tun kannst.

Wenn es mir gelingt, in dir das WISSEN hervorzurufen, dass du erfolgreich sein kannst, und das Wissen, WIE du erfolgreich sein kannst – dann habe ich den Erfolg in deine Reichweite gerückt.

Weißt du nämlich, dass du etwas kannst, und weißt du, wie du es tun kannst, wird es dir unmöglich sein, damit zu scheitern, wenn du es wirklich versuchst. Denn wenn Du in deinem deinem vollen MACHT-BEWUSSTSEIN bist, nimmst du dich der Aufgabe mit einer Geisteshaltung an, die nichts anderes als den Erfolg kennt.

Jeder Gedanke wird dann ein erfolgreicher Gedanke sein, jede Handlung eine erfolgreiche Handlung, und wenn jeder Gedanke und jede Handlung erfolgreich sind, kann die Summe all deiner Handlungen nicht das Scheitern sein.

In den folgenden Lektionen brauche ich dir also nur beizubringen, wie du in dir Macht-Bewusstsein erschaffst, damit du weißt, dass du tun kannst, was du tun willst, und dir danach beizubringen, wie du das tust, was du tun willst.

Lies die vorigen Abschnitte noch einmal! Sie beweisen durch unwiderlegbare Logik, dass du erfolgreich sein KANNST. Sie zeigen, dass in deinem Geist alles ist, was im Geist jedes anderen auch ist; wenn es überhaupt einen Unterschied gibt, besteht er im Grad der Entwicklung.

Wir sehen also, dass die Ursache des Erfolgs in dir ist und sich voll entwickeln kann.

Nachdem du das gelesen hast, kannst du nicht mehr anders, als überzeugt davon sein, dass es dir möglich ist, Erfolg zu haben. Aber es genügt nicht, wenn du glaubst, Erfolg haben zu können, du musst *wissen,* dass du Erfolg haben kannst – und das Unterbewusstsein muss es ebenso wissen wie der objektive Verstand.

Es gibt die Redewendung, »wer glaubt, etwas zu können, kann es auch«, aber das ist nicht wahr. Es ist nicht einmal wahr, dass der, der glaubt, etwas zu können, es auch kann, wenn nur vom objektiven Verstand die Rede ist, denn das Unterbewusstsein wird das, was der objektive Verstand schlüssig weiß, oft vollständig zur Seite schieben und sich darüber hinwegsetzen.

Eine wahre Feststellung ist es hingegen, dass der, dessen Unterbewusstsein glaubt, etwas zu können, es auch kann, und besonders wahr ist es, wenn sein objektiver Verstand für diese Aufgabe trainiert wurde.

Menschen scheitern, weil sie objektiv glauben, etwas zu können, aber unterbewusst nicht wissen, dass sie es können. Es ist mehr als wahrscheinlich, dass dein Unterbewusstsein gerade jetzt Zweifeln an deiner Fähigkeit ausgesetzt ist, erfolgreich zu sein – und diese Zweifel müssen ausgeräumt werden, sonst halten sie deine Macht zurück, wenn du sie am dringendsten brauchst.

Das Unterbewusstsein ist die Quelle, der die Macht für die Umsetzung deiner Fähigkeiten entstammt, und Zweifel bewirken, dass diese Macht zurückgehalten wird, sodass die Handlung schwach und unzureichend ausfällt.

Deshalb muss dein erster Schritt darin bestehen, deinem Unterbewusstsein einzuschärfen, dass du es KANNST. Das muss durch wiederholte Suggestionen geschehen.

Führe die folgende mentale Übung mehrmals täglich durch, am besten kurz vor dem Schlafengehen: *Denke entspannt an die unterbewusste Seinsweise des Geistes, die deinen ganzen Körper durchdringt, wie Wasser einen Schwamm durchdringt. Wenn du an den Geist denkst, versuche ihn zu spüren. Es wird dir bald möglich sein, ihn bewusst wahrzunehmen.*

Halte dieses Bewusstsein aufrecht und sage mit einem tiefen, feierlichen Gefühl: »Ich KANN erfolgreich sein! Alles, was Menschen möglich ist, ist auch mir möglich. Ich BIN erfolgreich. Ich war bereits erfolgreich, denn ich bin erfüllt von der Kraft des Erfolgs.«

Das ist die schlichte Wahrheit.

Erkenne, dass es wahr ist, und wiederhole es immer wieder, bis deine Denkweise durch und durch von dem Wissen erfüllt ist, DASS DU DAS, WAS DU TUN WILLST, AUCH TUN KANNST.

Du kannst es!

Andere haben es vor dir getan, und du kannst sogar noch mehr tun als jeder andere vor dir, denn niemand hat jemals all die Macht genutzt, die genutzt werden kann.

Es steht in *deiner* Macht, deine Pläne zu einem größeren Erfolg zu führen, als das jemals jemand vor dir getan hat!

* * *

Wenn du die oben genannte Autosuggestion einen Monat lang konsequent durchführst, wirst du allmählich WISSEN, dass du das in dir hast, das tun KANN, was du tun willst.

Dann wirst du für den nächsten Abschnitt bereit sein, der dir sagt, wie du damit weitermachst, das zu tun, was du tun willst.

Aber denke daran, dass es absolut unerlässlich ist, deinem Unterbewusstsein erst das Wissen einzuschärfen, dass du es KANNST!

3

Was dich auf eine höhere Ebene bringt

Nachdem du deine Denkungsart bewusst und unterbewusst mit der Überzeugung erfüllt hast, dass du das bekommen KANNST, was du dir wünschst, stellt sich als Nächstes die Frage nach der Methode. Du weißt, dass du es kannst, wenn du auf die richtige Weise vorgehst.

Aber welches ist die richtige Weise?

So viel ist sicher: Wenn du mehr bekommen willst, musst du konstruktiv Gebrauch von dem machen, was du schon hast.

Du kannst nicht etwas nutzen, was du nicht hast. Deshalb stehst du vor der Herausforderung, von dem, was du bereits hast, möglichst konstruktiv Gebrauch zu machen. Verschwende keine Zeit mit Überlegungen, wie du bestimmte Dinge nutzen würdest, wenn du sie hättest. *Denke einfach nur daran, wie du das nutzt, was du hast.*

Es steht fest, dass du schnellere Fortschritte erzielen wirst, wenn du von dem, was du hast, möglichst vollendet Gebrauch machst. Die Vollendung, mit der du von dem, was du hast, Gebrauch machst, wirkt sich sogar auf den Grad an Schnelligkeit aus, mit dem du das erreichst, was du dir wünschst.

Viele Menschen befinden sich im Stillstand oder stellen fest, dass die Dinge nur sehr langsam den Weg zu ihnen finden, weil sie von der Macht, die ihnen zur Verfügung steht, den Mitteln und Möglichkeiten, nur teilweise Gebrauch machen!

Dieser Punkt wird dir vielleicht deutlicher, wenn du an eine Entsprechung in der Natur denkst: Im Laufe seiner Entwicklung hat das Eichhörnchen seine Sprungkraft in vollem Ausmaß entwickelt, dann brachte das anhaltende Streben nach Weiterentwicklung das Gleithörnchen hervor, das eine Membran besitzt, die Handwurzel und Fußgelenk des Hinterbeins so verbindet, dass sich eine Gleithaut aufspannt, die es dem Tier ermöglicht, eine sehr viel größere Strecke zurückzulegen, als ihm das mit einem Sprung möglich gewesen wäre. Eine geringfügige Ausweitung des Gleitschirmsprungs, dessen sich das Gleithörnchen bedient, brachte die Fledermaus hervor, die hautartige Schwingen besitzt und fliegen kann, und der Vogel mit seinem Gefieder führte dann zum ständigen Fliegen.

Der Übergang von einer Ebene zur anderen ergab sich durch die Vervollkommnung und Ausweitung der Funktionen.

Wären die Eichhörnchen nicht immer weiter und weiter gesprungen, hätte es kein Gleithörnchen gegeben und keine Fähigkeit des Segelns. Der konstruktive Gebrauch, der von der Sprungkraft gemacht wurde, führte also zum Flugvermögen. Springst du nur halb so weit, wie du kannst, wirst du niemals fliegen!

An der Natur sehen wir, dass das Leben sich von einer Ebene zur anderen entwickelt, indem es die Funktion auf der niederen Ebene vervollkommnet. Sobald ein Organismus mehr Leben in sich trägt, als er durch das vollkommene Funktionieren auf seiner Ebene zum Ausdruck bringen kann, beginnt er die Funktionen der nächsthöheren oder umfassenderen Ebene zu zeigen.

Das erste Eichhörnchen, das die Gleitschirmhaut entwickelte, muss ein vollkommener Springer gewesen sein. Das ist das Grundprinzip der Evolution und aller Errungenschaften.

Entsprechend dieses Prinzips kannst du dich nur dann weiterentwickeln, wenn du den Platz, den du gerade einnimmst, mehr als ausfüllst.

Du musst das, was du jetzt tun kannst, in Vollendung tun – und es ist ein Gesetz, dass du, wenn du das, was du jetzt tun kannst, in Vollendung tust, später Dinge wirst tun können, die du jetzt noch nicht tun kannst.

Wenn wir eine Sache in Vollendung tun, versorgt uns das ausnahmslos mit dem Rüstzeug, das wir für die nächstgrößere Sache benötigen, denn es ist ein der Natur innewohnendes Prinzip, dass das Leben sich unaufhörlich weiterentwickelt.

Jede Person, die etwas in Vollendung beherrscht, bekommt sogleich Gelegenheit, sich an die nächstgrößere Sache zu machen.

Dies ist das universelle Gesetz allen Lebens, und es ist unfehlbar.

Tue erst alles, was du jetzt tun kannst, in Vollendung, dann tue es weiter in Vollendung, bis dir dieses Handeln so leicht fällt, dass du danach noch Energie übrig hast. Durch diese überschüssige Energie wirst du jetzt auf einer höheren Ebene handeln können und beginnen, deinen Austausch mit der Umgebung auszubauen.

Suche dir eine Tätigkeit, bei der deine größten Stärken zum Einsatz kommen, selbst wenn du ganz unten anfangen musst, und entwickle diese Stärken dann bis zum Äußersten.

Kultiviere Macht-Bewusstsein, damit du deine Stärken erfolgreich einsetzen kannst, und setze sie so ein, dass du das, was du jetzt tun kannst, in Vollendung tust – dort, wo du gerade stehst.

Warte nicht darauf, dass dein Umfeld sich ändert. Das geschieht vielleicht nie!

Deine einzige Möglichkeit, ein besseres Umfeld zu erreichen, besteht darin, von deinem derzeitigen Umfeld konstruktiv Gebrauch zu machen. Einzig der möglichst vollendete Gebrauch dieses Umfelds wird dir das ersehnte Umfeld bringen.

Wenn du deine derzeitigen Geschäfte ausweiten willst, denke daran, dass du dazu den Geschäften, denen du gerade nachgehst, möglichst vollendet nachgehen musst. Wenn du deine Geschäfte mehr als genug mit Leben erfüllst, wird der Überschuss zu weiteren Geschäften führen.

Strebe nicht nach mehr, wenn dir nicht nach allem, was du gerade in Vollendung tun musst, noch Leben übrig bleibt.

Es bringt dir keinen Vorteil, wenn du mehr Arbeit hast oder mehr Geschäften nachgehst, als du in deinem Leben in Vollendung bewältigen kannst.

Ist das der Fall, steigere zunächst deine Lebensenergie. Und denke daran, es ist die Vollendung, in der du das, was du tun musst, tust, die dein Feld erweitert und dich mit einer ausgedehnteren Umgebung in Verbindung bringt.

Vergiss nicht, dass der Hauptantrieb, der das zu dir bringt, was du dir wünschst, das Leben selbst ist, und dass du in letzter Konsequenz lediglich eine Gelegenheit haben willst, ein erfüllteres Leben zu führen, und dass du deshalb das, was du dir wünschst, nur durch das Wirken dieses universellen Gesetzes bekommen kannst, das dafür sorgt, dass alles Leben sich unaufhörlich zu einem vollendeteren Ausdruck hin entfaltet.

Dieses Gesetz lautet: *Wann immer ein Organismus mehr Leben in sich trägt, als er durch sein vollendetes Funktionieren auf einer bestimmten Ebene zum Ausdruck bringen kann, hebt sein Überschuss-Leben ihn auf die nächsthöhere Ebene.*

Wenn du genug von dir selbst in deine derzeitige Arbeit legst, um sie vollendet zu tun, wird deine überschüssige Energie deine Arbeit auf ein ausgedehnteres Feld übertragen. Dabei ist auch wichtig, dass du nicht aus den Augen verlierst, was du willst, damit deine überschüssige Energie in die richtige Richtung geführt wird.

Mache dir ein klares Bild davon, was du zu erreichen versuchst, aber lass nicht zu, dass das, was du zu erreichen versuchst, sich störend auf das auswirkt, was du jetzt tun musst.

Deine Vorstellung von dem, was du willst, führt dich zu deinen Energien und ist dir eine Inspiration, die du so einsetzen kannst, dass sie deiner derzeitigen Tätigkeit den äußersten Nutzen bringt.

Lebe jetzt für die Zukunft!

Nehmen wir an, du möchtest ein Kaufhaus gründen und dein Kapital reicht nur für einen Zeitungsstand. Versuche nicht, heute schon ein Kaufhaus zu gründen mit dem Kapital für einen Zeitungsstand, sondern gründe den Zeitungsstand in der vollen Überzeugung und Zuversicht, dass du ihn zu einem Kaufhaus ausbauen kannst.

Betrachte den Zeitungsstand nur als den Auftakt zum Kaufhaus und sorge dafür, dass er wächst.

Du kannst es!

* * *

Verbessere deine geschäftliche Situation, indem du von den Geschäften, die du bereits tätigst, konstruktiv Gebrauch machst.

Vergrößere deinen Freundeskreis, indem du von den Freundschaften, die du bereits pflegst, konstruktiv Gebrauch machst.

Verschaffe dir eine bessere Position, indem du von der Position, die du bereits innehast, konstruktiv Gebrauch machst.

Führe mehr häusliches Glück herbei, indem du von der Liebe, die dein Zuhause jetzt schon erfüllt, konstruktiv Gebrauch machst.

4

Wie dein Leben deine Wünsche erfüllt

Du kannst das, was du dir wünschst, nur dadurch erreichen, dass du deine Fähigkeiten für deine Arbeit und deine Umgebung einsetzt. *Du kannst deine Fähigkeiten dadurch erfolgreich einsetzen, dass du Macht-Bewusstsein erwirbst.* Und dabei gehst du so vor, dass du dich auf die Arbeit des jeweiligen Tages konzentrierst und alles, was gerade getan werden kann, in Vollendung tust.

Was du dir von der Zukunft erwartest, kannst du nur dadurch bekommen, dass du all deine Energien auf den konstruktiven Gebrauch dessen richtest, womit du es jeweils zu tun hast. Ein unentschlossener oder halbherziger Gebrauch der umgebenden Elemente am jeweiligen Tag wirkt sich auf die Errungenschaften des folgenden Tages fatal aus.

Wünsche dir für den jeweiligen Tag nichts, was die Möglichkeit, es an diesem Tag zu bekommen, übersteigt. Aber sei dir sicher, dass du an diesem Tag das Allerbeste von dem bekommen wirst, was du bekommen kannst. Nimm nie weniger als das Allerbeste, was du zum jeweiligen Zeitpunkt bekommen kannst. Aber vergeude auch keine Energie damit, dir etwas zu wünschen, was du zum jeweiligen Zeitpunkt nicht bekommen kannst.

Wenn du immer das Beste von dem bekommst, was du bekommen kannst, wirst du immer bessere Dinge bekommen, weil es ein Grundprinzip des Universums ist, dass das Leben sich unaufhörlich zu immer mehr Leben hin entwickelt – dieses Prinzip steht hinter der Evolution.

Wenn du dich mit weniger als dem Besten, was du bekommen kannst, zufriedengibst, wirst du dich nicht mehr weiterentwickeln.

Jeder Vorgang und Austausch am jeweiligen Tag, ob geschäftlicher, häuslicher oder gesellschaftlicher Art, muss zu einem Trittstein dessen gemacht werden, was du dir von der Zukunft erwartest – und um das zu erreichen, musst du alles mit mehr als genug Leben erfüllen.

Alles, was du tust, muss überschüssige Energie enthalten. Diese überschüssige Energie bewirkt Weiterentwicklung und bringt dir das, was du willst. Wo keine überschüssige Energie ist, gibt es auch keine Weiterentwicklung und keine Errungenschaften.

Der Überschuss des Lebens, der über die Funktionen der derzeitigen Umgebung hinausgeht, bewirkt Evolution – und Evolution entfaltet sich zu mehr Leben und bringt dir das, was du willst.

Stell dir beispielsweise vor, du gehst einem Gewerbe oder einem Beruf nach und willst dein Unternehmen vergrößern. Es wird dir nicht gelingen, wenn du Waren oder Dienstleistungen verkaufst und es dir im Grunde egal ist, wenn du das Geld des Kunden nimmst, deine Leistung erbringst und ihn dann mit dem Gefühl gehen lässt, dass du dich nur insofern dafür interessiert, als du einen fairen Handel abwickeln und Gewinn daraus ziehen willst.

Solange der Kunde nicht den Eindruck hat, dass du an ihm und seinen Bedürfnissen interessiert und aufrichtig bemüht bist, sein Wohlergehen zu steigern, hast du einen Fehlschlag erlitten und an Boden verloren.

Wenn du jedem Kunden das Gefühl geben kannst, dass du dich wirklich bemühst, ebenso seinen Interessen zu dienen wie deinen, wird dein Unternehmen wachsen. Dazu ist es nicht nötig, höhere Rabatte, Stückzahlen oder Werte als andere anzubieten.

Das geschieht schon, wenn du jede Transaktion, so klein sie auch sein mag, mit Leben und persönlichem Interesse erfüllst.

Wenn du deiner Berufung folgen willst, mach deine gegenwärtige Tätigkeit zu einem Trittstein auf dem Weg zu der Tätigkeit, die du dir wünschst. Solange du deinen derzeitigen Geschäften nachgehst, erfülle sie mit Leben – der Überschuss wird in die Richtung gehen, die du dir wünschst.

Nimm lebhaft Anteil an jedem Mann, jeder Frau und jedem Kind, dem du in geschäftlichem oder gesellschaftlichem Zusammenhang begegnest, und wünsche ihnen aufrichtig nur das Beste.

Sie werden bald das Gefühl haben, dass deine Fortschritte in ihrem Interesse liegen, und ihre Gedanken zu deinem Wohl mit ihren verbinden. Das wird Energie zu deinen Gunsten freisetzen, die von allen Seiten auf dich einströmt, und dir neue Wege der Weiterentwicklung eröffnen.

Wenn du angestellt bist und dir eine Beförderung wünschst, erfülle alles, was du tust, mit Leben, trage in jeden Bereich deiner Tätigkeit mehr als genug Leben und Interesse.

Aber sei nicht unterwürfig, sei kein Speichellecker und vermeide unter allen Umständen die intellektuelle Prostitution, die in vielen Branchen und den meisten Berufen die Geißel unserer Zeit ist.

Damit meine ich: Verteidige und entschuldige niemals Unmoral, Bestechung, Unaufrichtigkeit oder Laster gleich welcher Art. Wer sich intellektuell prostituiert, steigt vielleicht schnell auf, aber er ist eine verlorene Seele.

Respektiere dich selbst! Sei absolut gerecht zu allen! Erfülle jede Handlung und jeden Gedanken mit LEBEN und denke voller Macht-Bewusstsein, dass du es verdient hast, befördert zu werden.

Die Beförderung erfolgt, sobald du jeden Tag den Platz, den du einnimmst, mehr als nur erfüllst. Wenn dein derzeitiger Arbeitgeber dich nicht befördert, wird ein anderer es tun.

Das Gesetz will, dass der aufsteigt, der seinen derzeitigen Platz mehr als nur ausfüllt. Ohne dieses Gesetz gäbe es keine Weiterentwicklung und keinen Fortschritt – aber merke dir gut, was jetzt folgt.

Es genügt nicht, dass du deine Geschäftsbeziehungen mit überschüssigem Leben erfüllst.

Du wirst nicht sehr weit kommen, wenn du ein guter Geschäftsmann oder Angestellter bist, aber ein schlechter Ehemann, ungerechter Vater oder unzuverlässiger Freund.

Dein Versagen auf diesen Gebieten wird es dir unmöglich machen, deinen Erfolg für deinen Aufstieg im Leben zu nutzen, und so wirst du nicht in den Genuss des konstruktiven Gesetzes kommen.

Schon mancher, der sich rein geschäftlich an das Gesetz hielt, musste erleben, dass er keine Fortschritte erzielte, weil er unfreundlich zu seiner Frau war oder in anderen Lebenszusammenhängen Defizite aufwies.

Damit du in den Genuss der evolutionären Kraft kommen kannst, musst du JEDE derzeitige Beziehung mehr als nur erfüllen!

Ein Telefonist wollte einmal seinen Beruf wechseln und eine kleine Farm bewirtschaften, und er begann sich in diese Richtung zu bewegen, indem er »gut« zu seiner Frau war. Er »umwarb« sie, ohne dabei an seinen Wunsch zu denken, und aus halber Gleichgültigkeit wurde bei ihr Interesse und der Wunsch zu helfen. Bald hatten sie ein kleines Grundstück am Stadtrand, und sie züchtete Geflügel und kümmerte sich um den Garten, während er weiter als Telefonist arbeitete. Jetzt haben sie eine kleine Farm, und sein Wunsch hat sich erfüllt.

Du kannst dich der Unterstützung anderer versichern, nicht nur deiner Frau oder deines Mannes, sondern aller Menschen um dich herum, indem du alle Beziehungen, die du unterhältst, mit Leben und persönlichem Interesse erfüllst!

* * *

Erfülle jede Beziehung und jeden Vorgang, ob häuslicher oder gesellschaftlicher Art, mit mehr als genug Leben.

Habe Vertrauen – das ist Macht-Bewusstsein!

Wisse, was du dir von der Zukunft erwartest, aber gönne dir jeden Tag das Allerbeste, das dieser Tag dir geben kann. Gib dich zu keiner Zeit mit weniger als dem Besten zufrieden, das du zu dieser Zeit bekommen kannst, aber vergeude nie deine Energie damit, dir etwas zu wünschen, was du an diesem Tag nicht bekommen kannst.

Nutze alles für die Weiterentwicklung deines Lebens und des Lebens derer, mit denen du in irgendeiner Hinsicht zu tun hast. Befolge diese Handlungsanweisungen, dann wirst du unfehlbar das bekommen, was du dir wünschst.

Das Universum ist nämlich so angelegt, dass alles zu deinem Wohl zusammenwirken muss!

5

Mache dir ein klares Bild

Wohlstandskultur besteht darin, dass von den Menschen und Dingen in deiner Umgebung konstruktiv Gebrauch gemacht wird.

Mache dir zunächst ein deutliches mentales Bild von dem, was du dir wünschst. Entspricht deine derzeitige Tätigkeit nicht voll und ganz deinen Talenten und Vorlieben, entscheide dich für die Tätigkeit, die ihnen am ehesten entspricht; dann beschließe, in diese Branche oder diesen Beruf zu wechseln und darin den größtmöglichen Erfolg zu haben.

Mache dir eine klare Vorstellung davon, was du tun willst, und entwickle ein mentales Konzept, wie der größtmögliche Erfolg in dieser Branche oder diesem Beruf aussehen würde; dann beschließe, dass du ihn erreichst. Verwende viel Zeit darauf, dieses Konzept oder mentale Bild zu entwickeln.

Je deutlicher und genauer du es vor Augen hast, desto einfacher wird deine Arbeit. Wer sich nicht ganz sicher ist, was er aufbauen will, wird ein wackliges und schwankendes Gebäude errichten.

Wisse, was du dir wünschst, und behalte das Bild davon Tag und Nacht bei dir. Sorge dafür, dass es wie ein Gemälde an der Wand in deinem Zimmer ist, immer in deinem Bewusstsein, Tag und Nacht. Dann beginne, dich darauf zuzubewegen.

Bedenke, dass du dein Talent noch nicht voll entwickelt haben musst, du kannst es unterwegs entwickeln. *Du kannst gewiss tun, was du dir wünschst.*

Es ist ziemlich wahrscheinlich, dass du das, was du tun willst, jetzt noch nicht tun kannst, weil du noch nicht in der richtigen Umgebung bist und noch nicht das nötige Kapital hast. *Aber das hindert dich nicht daran, damit anzufangen, dich auf die richtige Umgebung einzustellen und Kapital zu erwerben.*

Denke daran, dass du nur dadurch vorankommen kannst, dass du in deiner derzeitigen Umgebung alles tust, was du tun kannst.

Angenommen, du hast gerade genug Kapital, um einen Zeitungsstand zu eröffnen, und dein großer Wunsch ist es, ein Kaufhaus zu besitzen. Komm nicht auf die Idee, dass es eine magische Methode gibt, durch die du mit dem Kapital für einen Zeitungsstand erfolgreich ein Kaufhaus leiten könntest.

Allerdings gibt es eine Methode der Mentalen Wissenschaft, wie du deinen Zeitungsstand so betreiben kannst, dass er sich zu einem Kaufhaus entwickelt. Stell dir vor, dass dein Zeitungsstand eine Abteilung in dem Kaufhaus ist, das du leiten wirst. Stell dich geistig auf das Kaufhaus ein und beginne, den Rest daran anzupassen.

Du wirst das Kaufhaus bekommen, wenn jede Handlung und jeder Gedanke konstruktiv ist.

Damit jede Handlung und jeder Gedanke konstruktiv sein kann, muss jeder einzelne davon der Vorstellung des Wachstums unterliegen.

Halte dir ständig den Gedanken an deine persönliche Weiterentwicklung vor Augen. Wisse, dass du dich auf das zubewegst, was du dir wünschst, und handle und spreche nach dieser Überzeugung. Dann wird jedes Wort und jede Handlung die Idee der Weiterentwicklung und des Wachstums an andere weitergeben, und du wirst sie anziehen.

Denke immer daran, dass alle Menschen nach Wachstum streben.

Zunächst studiere die Fakten mit Blick auf den gewaltigen Überfluss, bis du weißt, dass dort Reichtum auf dich wartet und du diesen Reichtum keinem anderen wegnehmen musst.

Meide das Konkurrenzdenken.

Du kannst leicht erkennen, dass unendlicher Überfluss bedeutet, dass genug für alle vorhanden ist, ohne dass du jemanden berauben musst!

Sobald du weißt, dass es die Absicht der Natur ist, dir zu geben, was du dir wünschst, denke darüber nach, dass du es nur bekommen kannst, wenn du handelst. Überlege dir, dass du nur in deiner derzeitigen Umgebung handeln kannst, und versuche nicht, jetzt auf der Grundlage einer künftigen Umgebung zu handeln.

Dann erinnere dich, dass du, wenn du in deiner derzeitigen Umgebung handelst, darauf achten musst, dass jede Handlung erfolgreich ist – und dass du mit der Absicht handeln musst, das zu bekommen, was du dir wünschst.

Du kannst diese Absicht nur aufrechterhalten, wenn du dir ein deutliches mentales Bild davon machst, was du dir wünschst.

Gehe sicher, das du dir ein solches Bild gemacht hast.

Denke auch daran, dass deine Handlungen nur dann die Macht haben, kraftvoll etwas zu bewegen, wenn du standhaft darauf vertraust, dass du bekommen wirst, was du dir wünschst!

* * *

Mache dir ein klares geistiges Bild von dem, was du dir wünschst.

Erhalte dir die Absicht, es zu bekommen. Tue alles in Vollendung, nicht aus einer Haltung von Unterwürfigkeit heraus, sondern weil du ein Meisterdenker bist.

Vertraue standhaft darauf, dass du dein Ziel erreichen wirst, dann kannst du in deinem Vorankommen NICHT scheitern!

Teil II

Das Gesetz der Fülle

Erfahre, was erforderlich ist, um ohne Konkurrenzdenken erfolgreich zu sein – das wahre Geheimnis, wie man in Gottes Welt glücklich lebt.

Da die Absicht der Natur in der unaufhörlichen Weiterentwicklung jedes Menschen zu immer größerer Fülle besteht, kannst du nur eins mit den Gesetzen und dem Geist der Natur werden, wenn du dir wünschst, dass alle Menschen sich weiterentwickeln – auf niemandes Kosten.

Wenn du das, was du für dich anstrebst, für alle anstrebst, dann werden auch alle das bekommen, was du bekommst – Gesundheit, Reichtum und Glück.

1

Das Reich Gottes

Um in Gottes Welt glücklich leben zu können, ist es unerlässlich, die Vorstellung von Konkurrenzkampf und begrenztem Vorrat aufzugeben.

Vielen Menschen gelingt das nie vollständig. Konkurrenzdenken in geschäftlichen Dingen geht auf die Vorstellung einer begrenzten Menge zurück. Es entstammt der Unterstellung, dass nicht genug in Umlauf ist und die Menschen deshalb um die bestehenden Vorräte miteinander konkurrieren müssten.

Viele Menschen gehen immer noch davon aus, dass einige arm sein müssten, damit andere genug haben können, und glauben, dass REICHTUM nur denjenigen möglich ist, die über bessere Fähigkeiten verfügen oder über die Macht, einen größeren Teil der begrenzten Vorräte anzuziehen.

Diese Menschen versuchen Prinzipien anzuwenden, die sich dem Konkurrenzdenken verdanken, und damit haben sie bis zu einem gewissen Grad auch Erfolg. Sie versuchen, ihre KRAFT DER ANZIEHUNG zu verbessern.

Sie tragen neue Motive und neue Energie in den geschäftlichen Wettstreit. Sie behaupten: »Ich bin der Erfolg«, während sie glauben, dass sie nur erfolgreich sein können, weil fünfundneunzig Prozent aller anderen scheitern.

Die Mehrheit dieser auf Konkurrenz ausgerichteten Menschen ist durchaus sehr erfolgreich, weil ihre Überzeugung ihnen die Energie, den Antrieb und den Optimismus verleiht, die sie in einem auf Konkurrenz ausgerichteten Geschäftsleben brauchen. Das Vertrauen, das ihr Glaube in ihnen weckt, führt dazu, dass ihre Handlungen meistens erfolgreich sind. Sie sind besonders fähige Konkurrenten und schreiben ihren Erfolg der Gedankenkraft und AFFIRMATIONEN zu, während er sich in Wahrheit fast ausschließlich ihrem Konkurrenzverhalten verdankt. Diese Sichtweise hat nur Cäsars Reich vor Augen, es hat keine Vorstellung vom Reich Gottes. Alle erzielten Resultate zeigen, dass diese Menschen nur ein Teil von Cäsars Reich sind.

Ihr Vermögen schwankt. Sie erleben Verluste, und ihre Geschäfte leiden unter Panikanfällen. Ihr Reichtum zeichnet sich durch lange Phasen von Elend aus. Ihr Gefühl von Sicherheit beruht lediglich auf Selbstvertrauen.

Tief in ihrem Unterbewusstsein tragen sie ständig den Keim heimlicher Angst.

Niemand kann jemals ganz frei von Angst sein, wenn er die Vorräte als begrenzt ansieht, denn wenn nicht genug in Umlauf ist, wissen wir, dass wir jederzeit auch einmal leer ausgehen können. Die Entgleisungen und Fehlschläge solcher Menschen lassen sich unmittelbar auf die Vorstellung eines begrenzten Vorrats zurückführen, auf die Vorstellung, dass Erfolg und der Erwerb von Reichtum nur einigen Wenigen von uns möglich ist.

Ist etwas Wahres an dieser Vorstellung, dass Konkurrenz nötig ist?

Sehen wir uns das einmal genauer an.

Die Dinge, die für Leben und Fortschritt – geistig wie körperlich – unentbehrlich sind, lassen sich grob in fünf Bereiche einteilen: *Nahrung, Kleidung, Unterkunft, Bildung und Vergnügungen.*

Bei dreien davon – Nahrung, Kleidung und Unterkunft – können wir uns darauf verlassen, dass die Welt der Natur uns damit versorgt. Sie bilden zusammen mit ihren Anhängseln und Ergänzungen in Form von Luxus, Dekor, Kunst und Schönheit das, was wir Wohlstand nennen.

Ist ihre Menge in irgendeiner Hinsicht eingeschränkt? Befassen wir uns zunächst mit der Frage des Vorrats an Lebensmitteln.

In diesem Land haben wir die Möglichkeiten intensiver Landwirtschaft, bei der vier Grashalme wachsen, wo vorher nur einer wuchs, noch nicht einmal ansatzweise genutzt.

Es ist eine simple Tatsache, die sich mathematisch beweisen lässt, dass allein der Staat Texas – wenn alle Ressourcen zur Lebensmittelherstellung genützt werden würden – genug produzieren könnte, um die gesamte derzeitige Weltbevölkerung zu ernähren, und zwar mühelos und gut.

Unsere Erzeugnisse reichen von Weizen in Dakota bis zu Reis in Carolina, vom Obst im nördlich gelegenen Michigan bis zu den Orangen in Kalifornien und Florida. Dieses Land, landwirtschaftlich intensiv genutzt, könnte die Bevölkerung von zehn Welten wie dieser ernähren.

Es herrscht kein Mangel an Lebensmitteln.

Wenn wir zu Gott beten: »Gib uns unser tägliches Brot«, sollten wir nie vergessen, einen Dank dafür anzufügen, dass Er dieses Gebet bereits erfüllte, als er die Welt erschuf.

Bedenke auch, dass die Arbeit eines Mannes wie Luther Burbank, der schon Hunderte neuer Pflanzensorten züchtete, gewaltige Auswirkungen hat.

Es ist also vollkommen unnötig, dass Menschen miteinander konkurrieren, um genug zu essen zu haben.

Was den zweiten wichtigen Bereich, die Kleidung, angeht, so stellen wir fest, dass dafür das Gleiche gilt. Die Vereinigen Staaten könnten genug Baumwolle für die ganze Welt herstellen, aber es ist nicht nötig, die Welt in etwas so Schäbiges wie Wollstoffe zu kleiden.

Wir haben Schaffarmen, die genug Wolle für alle erzeugen, aber auch Felder, auf denen wir den Flachs für feines Leinen züchten könnten. Es gibt ausgedehnte Landflächen, jetzt noch unbebaut, auf denen wir genug Maulbeerbäume anbauen könnten, um die Seidenwürmer zu züchten, die nötig wären, um die ganze Welt in Seide zu kleiden.

Wir besitzen sogar die Wüsten, in denen wir die Strauße züchten könnten, die wir für schmucke Hutfedern benötigen.

Unsere Ressourcen reichen aus, um alle Männer, Frauen und Kinder der Welt in Gewänder zu hüllen, die erlesener sind, als jene Solomons es in all ihrer Pracht waren. Selbst die geschmähten Unkräuter am Wegesrand bieten ungeahnte Möglichkeiten – manche hat Burbank bereits zu Rohmaterial für Stoffe entwickelt, die schöner sind, als die Welt jemals welche gesehen hat.

Der Vorrat an Kleidung ist unerschöpflich. Auch in dieser Hinsicht besteht also keine Notwendigkeit, miteinander zu konkurrieren. Es besteht keine Notwendigkeit, dass jemand in Sack und Asche gehen muss, während ein anderer Purpur und das erlesenste Leinen trägt. Es gibt genug Purpur und erlesenes Leinen für alle!

Stellen wir nun die Frage nach der Unterkunft, so zeigt sich, dass diesbezüglich die gleichen Bedingungen herrschen. Es gibt gewaltige Lehmvorräte, die nur darauf warten, in Mauersteine und Dachziegel verwandelt zu werden. Riesige Flöze von Baugestein sind noch nicht abgebaut. Wir haben gelernt, Mauersteine auch aus Sand und Kalk herzustellen und dass Zement ein ausgezeichnetes Baumaterial ist.

Es ist eine unbestreitbare Tatsache, dass ein Herrenhaus, schöner als das des Eisenbahnkönigs Cornelius Vanderbilt, der einer der reichsten Unternehmer unseres Landes war, für jede Familie in Amerika errichtet werden könnte, und wenn wir mit all diesen Bauten fertig wären, hätten wir unseren Vorrat an Baumaterial noch nicht einmal angekratzt.

Es ist nicht nötig, dass manche in Hütten leben müssen, damit andere ein prächtiges Zuhause ihr eigen nennen dürfen!

Und was die Vorräte für die Inneneinrichtung angeht – für Möbel, Teppiche, Bücher, Musikinstrumente, Bilder, Skulpturen und alles, was Auge und Geist des Menschen erfreut, ist der Vorrat ebenso grenzenlos.

Wahrlich, es herrscht kein Mangel an Dingen – so wenig, wie ein Mangel an Arbeit herrscht, die getan werden sollte.

Die Natur kennt keine Notwendigkeit zur Konkurrenz, weder in Bezug auf Dinge noch auf Arbeit. Es gibt genug nützliche und schöne Tätigkeiten, die nur darauf warten, getan zu werden, um uns alle unser Leben lang beschäftigt zu halten.

Und vielleicht ist dies der richtige Zeitpunkt, um zu unterstreichen, dass auch kein Mangel an fertigen Produkten besteht, denn die Arbeit ist nie produktiv genug, um mit der Nachfrage Schritt halten zu können. Moderne Maschinen haben das Problem der Produktivität gelöst.

Die Produktivkraft der Arbeit wurde in weniger als einer Generation um den Faktor sechshundert gesteigert. Bei der Herstellung von Nägeln macht jetzt beispielsweise eine Person die Arbeit, für die vor hundert Jahren noch tausend Personen benötigt wurden – und das Gleiche gilt für alle Bereiche in der Industrie.

Ein Ende des Anstiegs der Produktivkraft ist noch nicht abzusehen, und so gibt es nichts, was sich nicht weiter verbessern ließe.

Durch sechs Stunden Arbeit am Tag könnten wir alle alles herstellen, was jeder von uns benötigt, auch jeden bekannten Luxus.

Wenn das Ganze uns mit einem solchen Fülle versorgt, brauchen wir nicht miteinander in Konkurrenz zu treten. Wir brauchen uns keine Sorgen zu machen, was das Morgen bereithält, brauchen nicht in Panik zu geraten oder Rückgang zu befürchten.

Wir müssen nur nach dem Reich Gottes streben und nach Seinem gerechten Urteil bei den Verhältnissen, in denen alles zueinander steht, dann werden diese Dinge uns zur Verfügung stehen.

Und was ist dieses Reich Gottes?

2

Ferment

Das Reich Gottes ist für die Natur das, was das Ferment für einen aufgehenden Teig ist – es durchdringt ihn ganz und gar. Es umschließt die Natur, denn Gott ist die Ursache der Natur, und wenn die Natur vollkommen natürlich ist, haben wir das Reich Gottes in all seiner Fülle.

Wenn Gott der GEIST DER NATUR ist, dann kann es keinen vollendeteren Ausdruck Gottes geben als die Natürlichkeit der Natur.

Das Reich Gottes umfasst jegliches Leben, denn Gott ist das Leben selbst, und wenn das Leben auf vollkommen natürliche Weise geführt wird, haben wir das Reich Gottes in all seiner Fülle, denn es gibt keinen vollkommeneren Ausdruck Gottes als ein auf natürliche Weise geführtes Leben.

Und das bringt uns zu der Frage, wie man ein Leben auf natürliche Weise führt. Das Leben zeichnet sich dadurch aus, dass wir uns zu einem immer erfüllteren Leben entwickeln. Pflanze ein Samenkorn in die Mitte eines Felds, und das Leben im Samenkorn wird sofort aktiv. Es hört auf, einfach nur zu existieren, und beginnt zu leben.

Bald bringt es eine Pflanze hervor und dann einen Fruchtstand, der dreißig, sechzig oder einhundert Samen enthält, die alle wieder so viel Leben enthalten wie das ursprüngliche Samenkorn.

Sie fallen zu Boden und entfalten ihrerseits Leben, und nach einer Weile gibt es Millionen Samenkörner auf dem Feld, die alle ebenso viel Leben enthalten wie das erste Samenkorn. Das Leben des ersten Samenkorns hat sich durch den bloßen Vorgang des Lebens millionenfach vermehrt.

Ein erfülltes Leben zeigt sich darin, dass es sich unablässig entfaltet. Es gibt keine andere Art zu leben.

Diese Notwendigkeit des Lebens zu wachsen ist die Ursache dessen, was wir als Evolution kennen. In der Welt der Mineralien gibt es keine Evolution. Mineralien kennen weder Fortschritt noch Weiterentwicklung. Blei entwickelt sich nicht zu Zinn, Zinn nicht zu Eisen, Eisen nicht zu Silber, Silber nicht zu Gold, und so weiter.

Evolution zeigt sich nur in organischen Lebensformen, und ihr Antrieb ist die natürliche Notwendigkeit des Lebens, sich einen immer erfüllteren Ausdruck zu verschaffen.

Das Leben auf dieser Erde begann zweifellos mit einer einzelnen Zelle. Aber eine einzelne Zelle konnte dem Leben nicht hinreichend Ausdruck verschaffen, und so entstand der zweizellige Organismus. Darauf folgten Organismen, die aus vielen Zellen bestanden, auf Wirbeltiere folgten Säugetiere und schließlich der Mensch.

All dies geschah auf Grund der innewohnenden Notwendigkeit des Lebens, sich weiter zu entfalten und Ausdruck zu verschaffen.

Die Evolution endete jedoch nicht mit der Entstehung des Menschen, denn auf seine physische Evolution folgte seine geistige und spirituelle Evolution. Von Anfang an hat der Mensch seine Lebensfähigkeit verbessert. Jede Generation vermag ein besseres Leben zu führen als die vorangegangene.

Die Menschen leben immer erfülltere Leben, und deshalb ist es kein Zufall, dass auch unser Leben sich immer stärker Ausdruck verschafft.

Der Gebrauch des Bewusstseins führte zu immer höherem Bewusstsein.

Maßgeblich ist dabei für den Geist, dass er mehr weiß, mehr spürt, mehr Freude empfindet, und diese Notwendigkeit ist die Ursache für die gesellschaftliche Evolution und für allen Fortschritt.

Wenn wir bewusstes Leben – und was spräche dagegen? – als höchsten göttlichen Ausdruck betrachten oder als Ausdruck des GEISTES DER NATUR, dann muss der Sinn aller Dinge darin bestehen, die Entwicklung bewussten Lebens zu befördern.

Und wenn der Mensch der höchste Ausdruck bewussten Lebens ist – und das ist er! –, dann muss der Sinn aller Dinge darin bestehen, die Entwicklung des Menschen voranzutreiben.

Und wenn die Entwicklung des Menschen in der Steigerung seiner LEBENSFÄHIGKEIT besteht, dann muss der Sinn aller Dinge darin bestehen, dass die Natur die unaufhörliche Weiterentwicklung des Menschen zu einem immer erfüllteren Leben fördert und unterstützt.

Das Leben findet seinen Ausdruck durch den Gebrauch unserer Fähigkeiten. Das Leben eines Menschen bemisst sich nicht daran, was er besitzt, sondern an der Zahl der Fähigkeiten, die er richtig einzusetzen vermag – *und wir führen ein erfülltes Leben, wenn wir alle Fähigkeiten, die wir entwickelt haben, richtig einsetzen können.*

Wenn der Geist der Natur die Absicht verfolgt, dem Menschen zu einem immer erfüllteren Leben zu verhelfen, muss dieser Geist auch wollen, dass jeder Mensch uneingeschränkt Gebrauch von allen Fähigkeiten macht, die er erworben hat, von denen er Gebrauch machen kann und an deren richtigem Gebrauch er seine Freude hat.

Die Absicht Gottes besteht darin, alles mit Leben zu erfüllen, und das im Überfluss, in niemals endender Fülle. Gott ist der Geist der Natur, und Gott erfüllt alles und durchdringt alles.

Deshalb erfüllt der Geist oder die Intelligenz Gottes auch alles und durchdringt alles – wie das Ferment in einem aufgehenden Teig.

Der Wunsch nach Weiterentwicklung und WACHSTUM ist eine fundamentale Tatsache bei der Tätigkeit des Geistes, weshalb der Wunsch nach Weiterentwicklung und Wachstum auch alles erfüllt und alles durchdringt.

Alles strebt danach, die Weiterentwicklung und das Wachstum des Menschen zu unterstützen. Strebt ein Mensch aber nach etwas, um ein erfüllteres Leben führen zu können, reagiert dieses Etwas darauf. Der Geist aller Dinge reagiert auf den Geist des Menschen, wenn der Mensch nach Weiterentwicklung und Wachstum strebt.

Alles verbindet seine Kräfte zum Wohl derjenigen, deren einziger Wunsch Weiterentwicklung und Wachstum ist.

Es gibt nichts Wichtigeres für uns, als dass es einen Geist in der Natur gibt, der will, dass alle Dinge uns gehören, die wir gelernt haben richtig einzusetzen und die wir bereit sind einzusetzen, um dadurch ein erfüllteres Leben zu führen.

Dieser Geist ist in den Dingen selbst und bringt sie zu uns. Wenn wir den richtigen Weg einschlagen, diesen Geist anerkennen und mit ihm zusammenarbeiten, müssen alle Dinge zu uns kommen.

Dieser Geist ist der GEIST DES GANZEN, nicht eines Teils, und wenn wir das Ganze aus dem Blick verlieren und in Konkurrenz zu unseren Mitmenschen treten, um einen Teil für uns zu gewinnen, verlieren wir alles.

Der Konkurrenzkampf um einen Teil bedeutet praktisch, dass wir das Ganze leugnen und zurückweisen. Wer das Ganze erkennt und annimmt, kann nicht um einen Teil wetteifern. Die Vorstellung, wegen eines begrenzten Vorrats miteinander zu konkurrieren, hindert uns daran, die Fülle zu sehen und anzunehmen, die uns gehört.

Wir beteiligen uns immer noch an dem albernen Kampf um Cäsars Reich, weil wir das REICH GOTTES nicht sehen können, das überall um uns herum und in uns liegt.

Aber wie können wir den Konkurrenzkampf vermeiden, wenn die gesamte Geschäftswelt sich weiter der Methode bedient, miteinander um einen begrenzten Vorrat zu wetteifern? Wie können wir Arbeit bekommen, ohne um Jobs zu konkurrieren? Können wir in einer Welt erfolgreich sein, die auf Konkurrenz aufbaut, ohne uns an diesem Konkurrenzkampf zu beteiligen? Sollen wir uns von der Welt zurückziehen und kommunistische Gemeinschaften bilden? Bestimmt nicht. Der Versuch wäre zum Scheitern verurteilt. *Eine kommunistische Gemeinschaft ist eine Gruppe von Menschen, die nicht untereinander in Konkurrenz stehen, wohl aber mit allen anderen.*

Es kann keine geschlossene Gemeinschaft geben, ohne dass ihre Mitglieder in den Mitteln, die das Leben bereithält, eingeschränkt werden – und das zu tun, hieße das Ende vorwegzunehmen.

Wenn sie jedoch nicht geschlossen ist und alle Wünsche befriedigen kann, muss sie mit der Außenwelt darüber in Wettstreit treten, woran es ihr fehlt, und das wollen wir vermeiden.

Keine Abspaltung eines Teils vom Ganzen in welcher Hinsicht auch immer wird dieses Problem lösen. Das Modell einer solchen Gemeinschaft wäre unbequem, unnatürlich und unpraktikabel.

Sollen wir den Sozialismus einführen und eine partnerschaftliche Nationengemeinschaft gründen? Das können wir nicht, weil Sozialismus und eine wie auch immer geartete partnerschaftliche Nationengemeinschaft dem Ganzen angehören und nur vom Ganzen eingeführt werden können.

In Wahrheit kann eine partnerschaftliche Nationengemeinschaft niemals gegründet werden – sie müsste sich selbst gründen, und das dürfte noch lange Zeit dauern.

Wir können den Konkurrenzkampf nicht durch wie auch immer geartete gesetzliche Verfügungen abschaffen, solange die Menschen mehrheitlich an den begrenzten Vorrat glauben.

Also müssen wir weiter im derzeitigen System unseren Geschäften nachgehen und doch aufhören, miteinander in Konkurrenz zu treten.

Können wir das? Ja. Aber wie?

3

Fülle

Gott, der Geist der Natur, erzeugt die Fülle der Natur in der Absicht, für das Wachstum des Menschen zu sorgen – *nicht einiger Menschen, sondern aller Menschen.*

Die unaufhörliche Weiterentwicklung des Lebens ist die Absicht der Natur, und da der Mensch die Verkörperung Gottes und die höchste Lebensform ist, muss die Natur beabsichtigen, jeden Menschen durch ständiges Wachstum zu einem Leben in Fülle zu verhelfen.

Was jedoch für das Wachstum jedes Menschen eintritt, kann keinem Menschen etwas wegnehmen, und deshalb wird man, wenn man eins mit dem Geist der Natur ist, das Wachstum aller Menschen auf niemandes Kosten anstreben.

Man wird anstreben, dass alle bekommen, was man selbst haben will – und das hebt einen ganz und gar aus jedem Konkurrenzdenken heraus.

»Was ich für mich will, will ich für alle.« So lautet die Unabhängigkeitserklärung, die an das Konkurrenzsystem gerichtet ist. »Unser« Vater, gib »uns«, das ist das Gebet des fortschreitenden Lebens.

Diese Erklärung und dieses Gebet sind eins mit dem Geist der Natur. Der Mensch, der diese Erklärung abgibt und dieses Gebet spricht, ist GEISTIG EINS mit allem, was lebt, mit Gott, der Natur und dem Menschen – das ist seine »Einstellung«.

Bist du GEISTIG EINS mit dem Geist der Dinge, ermöglicht dir das, deine Gedanken in Bezug auf diesen Geist zu registrieren, und ebenso deine Wünsche. Wenn du dir etwas wünschst, und dein Geist und der Geist der Dinge sind eins, wird dieses Ding auf dich reagieren und sich zu dir bewegen.

Wünschst du dir Geld, und dein Geist ist eins mit dem Geist, der Geld und alle anderen Dinge durchdringt, wird das Geld von dem Wunsch durchdrungen, zu dir zu kommen, und es wird sich zu dir bewegen, getrieben von der Ewigen Macht, die ein Leben in größerer Fülle anstrebt.

Um zu bekommen, was du dir wünschst, musst du nur deine »Einstellung« gegenüber dem Geist der Dinge finden, dann werden sie zu dir getrieben.

Aber das Hauptanliegen des Geists der Dinge ist die kontinuierliche Weiterentwicklung ALLER zu einem erfüllteren Leben.

Deshalb wird keinem Mann und keiner Frau etwas genommen und dir gegeben, solange du zur Lebensweise dieser Person nicht mehr beiträgst, als du von ihr erhältst.

Es wird noch deutlich zu sehen sein, dass der Göttliche Geist auf dem Gebiet des rein geschäftlichen Konkurrierens nicht zum *Handeln* gebracht werden kann. Gott kann nicht durch Sich Selbst geteilt werden. Er kann nicht dazu *gebracht* werden, von einem Menschen zu nehmen und einem anderen Menschen zu geben.

Er wird nicht die Möglichkeit des einen Menschen, sich im Leben weiterzuentwickeln, schmälern, um die Möglichkeit eines anderen Menschen, sich im Leben weiterzuentwickeln, zu verbessern.

Er nimmt keine Rücksicht auf Personen und hat keine Günstlinge.

Er ist in allem gleich, für alle gleich und dient allen auf die gleiche Weise.

Um deine »Einstellung« zu finden, musst du dafür sorgen, dass dein Unternehmen allen, die mit dir zu tun haben, zum Geldwert dessen, was du von ihnen bekommst, eine volle Gegenleistung für ihr Leben erbringt. Ich sage, für ihr Leben – das heißt nicht unbedingt in Form von Geldwert.

Viele Kritiker des Profitsystems verstehen Folgendes nicht: dass etwas, was für den einen von geringem Wert ist, für den anderen, der es für die Weiterentwicklung seines Lebens benutzen kann, vielleicht von unschätzbarem Wert ist.

Der Wert einer Sache für einen Menschen richtet sich nach der Ebene, die er im Leben einnimmt: Was auf einer Ebene oder in einem Entwicklungsstadium keinen Wert besitzt, kann auf einer anderen Ebene oder in einem anderen Stadium unentbehrlich sein.

Die lebensspendende Kraft einer beliebigen Ware kann völlig außerhalb jedes Verhältnis zu ihrem Geldwert stehen. Der vorliegende Essay ist vielleicht nicht einmal einen Euro wert, was den Geldwert von Papier und Tinte betrifft, aber für den Leser kann ein Satz darin Tausende Euro wert sein.

Du verkaufst eine Ware vielleicht für mehr Geld, als dich ihre Herstellung gekostet hat, und machst dadurch Gewinn, aber der Käufer kann daraus einen Nutzen ziehen, der tausendmal mehr wert ist als der Preis, den er dafür bezahlt hat, und in diesem Fall ist der Gewinn keine Beutelschneiderei.

Sorge dafür, dass dein Geschäft diesen grundlegenden Anspruch erfüllt – das ist der erste Schritt!

Hast du das getan, bist du eins mit der INTELLIGENZ IN DER NATUR, die sich für ein erfüllteres Leben für alle einsetzt. Das Ziel deiner Arbeit besteht darin, dass alle ein erfülltes Leben führen – in immer mehr Fülle.

Wenn du das, was du für dich erstrebst, für alle erstrebst, wird das geistige Prinzip in allem, was du benötigst, von dir angezogen.

Wenn du Euros brauchst, wird sich der Geist der Dinge IN den Euros deines Bedürfnisses bewusst werden; dann kannst du wahrhaftig die Affirmation sprechen: »Die Euros wollen mich.«

Die Euros werden beginnen, sich zu dir zu bewegen, und sie werden unvermeidlich kommen – von denen, die das benötigen, was du ihnen im Austausch dafür geben kannst. Der Göttliche Geist wird für die ÜBERTRAGUNG dessen sorgen, was für die Entwicklung des Lebens dorthin, wo das Bedürfnis existiert, erforderlich ist.

Das bezieht sich nicht nur auf alles, was du brauchst, um dein Geschäft am Laufen zu halten, sondern auf alles, was dir dazu dienen kann, selbst ein erfüllteres Leben zu führen.

Nichts Gutes wird dir vorenthalten werden. Deine Einheit mit der Evolutionären Kraft, mit der Absicht der Natur, wird dergestalt sein, dass du alles bekommen wirst, was die Natur dir zu bieten hat.

Weil du stets den Willen Gottes erfüllst, werden alle Dinge dir gehören, und du brauchst mit niemandem in Konkurrenz zu treten.

Aber du musst in Erinnerung behalten, dass einzig dein Glaube deine Wünsche dem Göttlichen Geist ein-

prägt. Zweifel unterbricht die Verbindung. Angst und Furcht unterbrechen die Verbindung.

Genau wie du deinem Unterbewusstsein etwas einschärfst, musst du auch dem Geist der Dinge alles einschärfen. Deine Affirmationen verpuffen wirkungslos, wenn du sie nicht mit der bewegenden Kraft der absoluten Überzeugung sprichst.

Der Geist der Dinge reagiert nicht positiv auf Zweifeln und Zögern.

> »Wenn ihr Gott um irgendetwas bittet, müsst ihr nur darauf vertrauen, dass er eure Bitte schon erfüllt hat, dann wird sie auch erfüllt.«
>
> *Markus 11:24*

Wir können nicht mit Gott gehen und arbeiten und Ihm gleichzeitig misstrauen. Empfindest du Misstrauen, erfüllst du den Geist der Dinge mit Misstrauen gegen dich, und dann werden die Dinge sich eher von dir wegbewegen als auf dich zu.

Die Erfordernisse für Erfolg, der nicht auf Konkurrenzdenken beruht, sind ganz einfach:

Zunächst wünschst du dir für alle, was du dir für dich wünschst, und dabei achtest du darauf, dass du von niemandem etwas annimmst, ohne einen vollen Gegenwert für das Leben zu geben – und je mehr du gibst, desto besser!

Dann mache weiter in der völligen Überzeugung, dass alles, was du brauchst, um das erfüllteste Leben zu führen, zu dem du fähig bist, zu dir kommt. Bete mit unbeugsamem Vertrauen in den Vater, dass das Ersehnte zu dir kommt, und danke Ihm in jedem Gebet aus tiefstem Herzen und voller Dankbarkeit, DASS es zu dir kommt.

Alles, was zu dir kommt, bedeutet für jemand anderen ein erfüllteres Leben. Jeder Gewinn, den du machst, mehrt den Wohlstand eines anderen. Was du bekommst – Leben –, bekommen alle. Dein Erfolg trägt zum Leben, zur Gesundheit, zum Wohlstand und Glück aller bei.

Nun könnte jemand fragen: Aber worin unterscheidet sich das denn vom Konkurrenzdenken? Trittst du nicht weiter in Konkurrenz mit denen, die im selben Geschäftsbereich wie du tätig sind? Nein! Was du erhältst, kommt nicht von dem begrenzten Vorrat dessen, um den andere sich bemühen, sondern vom Ganzen.

Ich will das einmal veranschaulichen: *Es könnte zum Beispiel heißen, dass es nur eine begrenzte Geldmenge im Land gibt – nicht genug, um die Bedürfnisse aller zu befriedigen.*

Angenommen, eine große Anzahl Menschen begibt sich auf diesen Lebensweg, und die Euros beginnen, sich auf sie alle zuzubewegen.

Dann werden nicht genug in Umlauf sein, das ist wahr, aber der Gedanke an das Bedürfnis, der dem Geist der Dinge eingeschärft wurde, würde auf den Geist der Menschen einwirken. Neue Währungsgesetze würden erlassen werden, die Edelmetallbarren würden sich zur Münzpräge bewegen, und die Druckerpressen würden beginnen, Banknoten hervorzubringen, wenn das für die Weiterentwicklung des Lebens nötig wäre.

Der Geist der Dinge reicht über die bereits geprägten Münzen hinaus, in das Gold und Silber hinein, das noch im Inneren der Berge ruht – und alles wird beginnen, sich zu bewegen, wenn es vom GEBET DES VERTRAUENS gerufen wird.

Und das Gleiche gilt für alles andere.

Nicht nur die Münzprägen, auch die Fabriken werden sich darauf einstellen, sobald erst eine genügende Anzahl Menschen sich auf den Weg des Fortschreitenden Lebens gemacht hat.

Wenn jemand behauptet, das Lohnsystem verhindere, dass die Arbeiter ein erfülltes Leben führen, lautet die Antwort, dass das Lohnsystem geändert werden wird, sobald die Arbeiter beginnen, ein erfülltes Leben zu führen und das Lohnsystem ihrer Weiterentwicklung im Weg steht. Ihre Forderung nach einem erfüllteren Leben wird alles sein, was nötig ist, um das Lohnsystem zu ändern.

Wenn Systeme geändert werden, wird das Leben sich nicht weiterentwickeln, aber wenn das Leben sich weiterentwickelt, werden die Systeme sich ändern.

Es gibt so vieles zu tun in Bezug auf den Aufbau nützlicher und schöner Dinge. Dazu ist nichts weiter erforderlich, als dass nach diesen Dingen verlangt wird – von denjenigen, deren einzige Absicht darin besteht, mit ihrer Hilfe allen ein glücklicheres und erfüllteres Leben zu bieten.

Wenn die Zahl dieser Menschen steigt, wird der Wohlstand aller steigen, und ein immer größerer Teil aller Schichten wird in die »Wahrheit« eintreten und den Konkurrenzkampf und den Weg des begrenzten Vorrats hinter sich lassen – solange, bis das Reich Gottes auf Erden errichtet sein wird, wie es das schon im Himmel ist.

Nachwort

Wallace Wattles – die Inspiration für »The Secret«

»Ich durfte einen Blick auf ein großes Geheimnis werfen, auf das Geheimnis über das Leben. Diesen Blick erhaschte ich in einem hundert Jahre alten Buch, das mir meine Tochter Hayley gegeben hatte« – schreibt die australische Filmemacherin Rhonda Byrne in *The Secret,* einem der größten Bucherfolge, die es jemals gab. Mehr sagt sie zu Anfang nicht. Sie nennt weder Buch noch Autor. Aber sie schildert an anderer Stelle, wie alles begann …

Oktober 2004. Rhonda war verzweifelt. Seit einem Jahr arbeitete sie wie besessen, sechs Monate zuvor war ihr Vater gestorben, sie war völlig erschöpft und machte sich Sorgen über den emotionalen Zustand ihrer Mutter. »Meine Mutter und mein Vater hatten die schönste Liebesbeziehung gehabt, die ich jemals gesehen hatte, und nun war meine

Mutter zusammengebrochen und lag vor Kummer praktisch auf den Knien.«

Rhonda sah keine Möglichkeit, ihr zu helfen. Es ging ihr selbst viel zu schlecht. »Ich war in einer schlimmen Verfassung«, schreibt sie. »Meine Tochter, die damals dreiundzwanzig war, kam zu mir und fragte mich, was denn mit mir nicht stimmte. Als ich es ihr sagte, meinte sie: ›Du musst unbedingt etwas lesen, was ich habe.‹ Sie ging heim und kehrte mit diesem alten, zerfledderten Buch zurück. Es war *Die Wissenschaft des Reichwerdens* von Wallace Wattles. Sie reichte es mir mit den Worten: ›Die letzte Seite fehlt, aber du bekommst schon mit, worum's geht.‹ Ich konnte mir nicht vorstellen, wie dieses Buch mir helfen sollte: Was hatte Reichwerden damit zu tun, meiner Mutter zu helfen?«

Aber Rhonda las das Buch – mit Tränen in den Augen, wie sie sagt –, und mit jedem Satz staunte sie mehr. »So etwas hatte ich noch nicht gelesen. Das Buch, stellte sich heraus, handelte wirklich vom Reichwerden, aber nicht nur in Hinblick auf Geld, sondern in jeder erdenklichen Form, einschließlich Beziehungen und Gesundheit. Beim Lesen wurde mir klar, dass Wattles eigentlich die Wissenschaft vom Leben beschrieb.«

Am nächsten Morgen begann Rhonda über Wattles zu recherchieren, und ihre Nachforschungen führten sie zu zahlreichen Menschen, die Wattles' Auffassungen teilten und lehrten.

Mehr als fünfzig von ihnen interviewte sie für ihren Film *The Secret* – und machte sich Wattles' Einstellung zu eigen. Sie fand einen Weg, ihrer Mutter Trost zu spenden und Kraft zu geben, und setzte Wattles' größte Lehre um: Dankbarkeit.

Sie verschenkte Geld. Sie hob zehn 50-Dollar-Scheine von ihrem Konto ab und schenkte sie Menschen, denen sie auf der Straße begegnete. Und innerhalb von vierundzwanzig Stunden erhielt sie überraschend 25.000 Dollar – eine Geldmenge, die sie sich nie hätte träumen lassen.

Das alles schildert Rhonda Byrne in einem Beitrag, der 2007 in der Essaysammlung *You've Got To Read This Book* erschien, herausgegeben von Jack Canfield und Gay Hendricks. In ihrer Ausgabe von Wattles' Buch hatte die letzte Seite gefehlt.

Rhonda hat sie für alle neu geschrieben …

* * *

Vor einhundert Jahren erschien das Buch, das den Welterfolg *The Secret* inspirierte und damit unzähligen Menschen neue Möglichkeiten an die Hand gab, ein erfülltes Leben zu führen. Aber über den Autor ist wenig bekannt.

Wer ist dieser Mann, der hundert Jahre nach seinem Tod eine solche Wirkung entfaltet – vielleicht noch mehr als zu seinen Lebzeiten?

Wallace Delois Wattles wurde 1860 geboren, kurz nach dem amerikanischen Bürgerkrieg. Einer Volkszählung, die zwanzig Jahre später erfolgte, ist zu entnehmen, dass er mit seinen Eltern auf einer Farm lebte – in der Nunda Township des McHenry County, Illinois. Er wird in den Unterlagen als Farmarbeiter geführt und sein Vater als Gärtner, seine Mutter als »im Haushalt tätig«. Seine Eltern, heißt es, wurden in New York geboren, er selber in Illinois. Geschwister gab es keine – zumindest lebten damals keine auf der Farm.

Wattles befasste sich schon früh mit religiösen Anschauungen und Philosophien. Er studierte europäische Denker wie Descartes, Hegel, Leibnitz, Schopenhauer, Spinoza und Swedenborg, aber auch den damals gerade verstorbenen Amerikaner Ralph Waldo Emerson, der deutschen Idealismus und indische Philosophien verband und großen Einfluss auf die Bildung der neuen amerikanischen Kultur hatte. Seine Anhänger setzten sich für die Sklavenbefreiung ein, für die Entstehung der Frauenbewegung und für den Naturschutz.

Wattles befasste sich mit der Wirkungsweise des Denkens – und er führte entsprechende Experimente durch. Aber bis zu seinem sechsunddreißigsten Lebensjahr scheint er ein eher unauffälliges Leben geführt zu haben. Das ändert sich im Jahr 1896.

Auf einer »Versammlung von Reformatoren« begegnet er George Davis Herron, einem Geistlichen der Kongregationalistischen Christlichen Kirche (die 1957 mit der Evangelical and Reformed Church zur United Church of Christ verschmolz). Herron war auch Professor für Angewandtes Christentum am Grinnel College und erregte damals nationenweit Aufsehen, weil er eine Form des christlichen Sozialismus predigte.

Wattles wurde Sozialvisionär – und er schloss sich der Neugeistbewegung an, mit Sitz in Chicago, die stark von Emersons Philosophie geprägt war. Die treibende Kraft hinter dieser Bewegung war Emma Curtis Hopkins, die sich mit der wissenschaftlichen Anwendung der Heilkräfte Jesu befasste.

Das Besondere an der Neugeistbewegung war, dass sie für eine christliche Kirche stark über biblische Überlieferungen hinausging und sich schon früh östlichen Denkrichtungen öffnete, wie dem Resonanzgesetz und der Lehre von den feinstofflichen Körpern. (Vielen galt sie deshalb als praxisorientierte Variante der Theosophie.)

Wattles' weiterer Weg war vorgezeichnet. Seine Experimente hatten ihn zur Technik der schöpferischen Visualisierung geführt – und nun schrieb er seine Erkenntnisse nieder.

Im ersten Jahrzehnt des neuen Jahrhunderts entstand sein gesamtes Werk – veröffentlicht von Elizabeth Townes, die 1898 mit *Nautilus* die führende Zeitschrift der Neugeistbewegung gegründet hatte. Die Titelseite ihres Buchs *The Life Power and How to Use It* wird übrigens in der Eröffnungssequenz des Films *The Secret* gezeigt.

Es ist bekannt, dass Wattles sein Hauptwerk *Die Wissenschaft des Reichwerdens,* das den krönenden Abschluss seines Lebens bildete, für die Arbeiter im Kohlebergbau seiner Gegend schrieb. Ihnen galt seine ganze Zuneigung. Er las es ihnen sogar vor. Deshalb ist die Sprache sehr einfach gehalten. Er ergeht sich nicht in Philosophien oder Theorien. Er erklärt auch nicht, warum oder wie es funktioniert. Er sagt einfach: »Tut, was ich sage, und euer Leben wird sich völlig verändern.«

Kurz nach Wattles' Tod im Jahr 1911 schrieb seine Tochter Florence:

> Meine liebe Mrs. Towne,
>
> Ihr Schreiben vom 14. ist eingetroffen … Vielleicht kann ich die romantische Seite im Leben meines Vaters ein wenig später aufschreiben und es wirklich wertvoll machen.

Sie wussten doch, nicht wahr, dass er wegen seines »Ketzertums« eine gute Position in der Methodistischen Kirche verloren hat?

Er begegnete George D. Herron auf einer Versammlung von Reformatoren in Chicago im Jahr 1896 und übernahm Herrons gesellschaftliche Vision. Ich werde nie den Morgen vergessen, an dem er nach Hause kam. Es war Weihnachten. Mutter hatte ihren letzten Dollar in ein Manschettendöschen gesteckt, und wir hatten es unter einen immergrünen Zweig gestellt, der uns als Christbaum diente und den wir mit Talglichtern erhellt und mit Popcorn behangen hatten. Endlich kam Vater. Mit diesem wunderschönen Lächeln lobte er den Baum, sagte, das Manschettendöschen sei genau das, was er sich gewünscht hatte – und nahm uns alle in den Arm, um uns die wundervolle soziale Botschaft Jesu zu erzählen, die Botschaft, die er später in *A New Christ* formulierte.

Von diesem Tag an bis zu seinem Tod arbeitete er unaufhörlich daran, die herrliche Vision von der Bruderschaft der Menschen zu verwirklichen. Jahre lang hatten die Armut und die Angst vor der Armut wie ein Fluch auf seinem Leben gelastet. Ständig hatte er Pläne und Vorhaben entwickelt, um für seine Familie diejenigen Dinge zu bekommen, die ein Leben in Fülle ermöglichen.

Im ersten Kapitel von *How to be a Genius* sagt er: »Sein größtes Glück findet der Mensch darin, dass er denen, die er liebt, Zuwendungen macht.« Der höchste Glaube an den Menschen verließ ihn nie, nicht für einen Moment verlor er das Vertrauen in die Macht der Meister-Intelligenz, jedes Unrecht aufzuheben und jedem Mann und jeder Frau seinen oder ihren Anteil an den Wohltaten des Lebens zu geben.

Als wir vor drei Jahren nach Elwood (Indiana) zogen, bekam Vater einen Lehrauftrag für den Sonntagabend in Indianapolis. Das war unsere einzige Einkommensquelle. Später begann er für *Nautilus* zu schreiben. Er schrieb nahezu unablässig. Dann formte er sein mentales Bild. Er sah sich als erfolgreicher Schriftsteller, als machtvolle Persönlichkeit, als jemand, der vorankommt, und er begann auf die Verwirklichung dieser Vision hinzuarbeiten ... Er lebte jede einzelne Zeile von *How to be a Genius.* In den letzten drei Jahren verdiente er sehr viel Geld und war bei guter Gesundheit, bis auf seine ausnehmende Zartheit.

Ich habe dies in aller Eile niedergeschrieben, aber ich denke, es wird Ihnen eine Vorstellung vom Lebenskampf eines großen Menschen geben – seinem Scheitern und seinem Erfolg. Sein Leben war wahrhaftig DAS MACHTVOLLE LEBEN, und wir können mit Bestimmtheit sagen, zumindest in Elwood: »Der Name desjenigen, der seine Mitmenschen liebte, soll allen anderen vorangehen.«

Mit allen guten Wünschen bin ich
ganz aufrichtig, Ihre
FLORENCE A. WATTLES

* * *

In einem Interview, das Rhonda Byrne 2006 mit der Zeitschrift *Newsweek* führte, nannte sie noch einen zweiten Autor, der ihr als Inspiration für den Film *The Secret* diente: William Walker Atkinson. Er schrieb unter einer Vielzahl von Pseudonymen und war zu Lebzeiten sicher der produktivste Autor spiritueller Literatur in den USA.

Überlebt hat bis heute sein auch auf Deutsch erschienenes Werk *Gedankenvibration oder Das Gesetz der Anziehung in der Gedankenwelt.*

Genau wie Wallace Delois Wattles schrieb er für die von Elizabeth Towne herausgegebene Zeitschrift *Nautilus* – und verfasste für eine Buchausgabe von Wattles' Artikelserie *Das Gesetz der Anziehung* ein kenntnisreiches Vorwort.

Die im vorliegenden Büchlein versammelten zwei Artikelserien gingen Wattles' Hauptwerk *Die Wis-*

senschaft des Reichwerdens voraus. Es sind frühe Ausarbeitungen der Lehre, die Wattles berühmt gemacht hat, und sie enthalten im Kern bereits die Aussagen, die auch *The Secret* und seine zahlreichen Nachfolger auszeichnen.

Rhonda Byrne fasst sie folgendermaßen zusammen: »Ich habe die Kontrolle über alles in meinem Leben, und es gibt eine Kraft in mir, die alles erschaffen kann, was ich mir wünsche. Dazu muss ich nur mein Denken und mein Fühlen verändern, dann wird sich mein ganzes Leben – in jedem einzelnen Bereich – verändern.«

Michael Nagula
Hanau, Februar 2009

Kabir Jaffe &
Ritama Davidson

**Indigo-Erwachsene
Wegbereiter einer
neuen Gesellschaft**

Sind Sie eine Indigo-Seele und wissen es nicht? Vielleicht sind Ihnen Indigo-Kinder ein Begriff, und Sie haben nie daran gedacht, dass viele davon bereits erwachsen sind. Es sind visionäre und kreative Frauen und Männer, fortschrittlich, sensibel und unabhängig. Sie sind frustriert vom bestehenden Gesellschaftssystem und wollen zu einer besseren Welt beitragen.

Die Autoren helfen diesen Menschen, ihr ganzes Potenzial zu leben und ihrer Bestimmung zu folgen.

Mit einer Checkliste typischer Indigo-Merkmale!

gebunden, Leseband,
208 Seiten, € 19,90
ISBN 978-3-939373-10-0

Leseproben auf www.amraverlag.de

William Stillman

Autismus und die Verbundenheit mit Gott

Autismus ist in den USA bei Kindern bereits weiter verbreitet als Krebs oder das Down-Syndrom. 2007 war schon jedes 150. Kind betroffen. Es ist keine einzelne Ursache bekannt – und kein Heilmittel. Es wurde als Gebrechen und als Strafe beschrieben. Aber was, wenn es einen Zweck verfolgt? Was, wenn es eine Gabe ist?

Der Autor weist selbst das Asperger-Syndrom auf. In seinem Buch zeigt er die besonderen mentalen Fähigkeiten von Jugendlichen mit Autismus und die großartige Chance, die sich allen nicht-autistischen Menschen durch den Austausch mit ihnen bietet.

Das erste Buch über Autismus und Spiritualität!

gebunden, Leseband,
224 Seiten, € 19,90
ISBN 978-3-939373-14-8

Leseproben auf www.amraverlag.de

Meg Blackburn Losey

The Children of Now – Gespräche mit den Neuen Kindern

Wir nennen sie Kristallkinder, Indigokinder, Sternenkinder oder Regenbogenkinder. Es sind Kinder, die ihre Verbindung zur geistigen Welt nach der Geburt nicht mehr verlieren. Und die ersten Generationen geben jetzt Antworten auf unsere Fragen: Erinnert ihr euch an den Ursprung? Gibt es noch andere Welten? Welche Veränderungen erwarten uns 2012, wenn der Maya-Kalender endet?

»Evolviert die Menschheit wirklich? Wenn ja, dann werden Sie das zuallererst an den Kindern sehen und in diesem Buch.«

Aus dem Vorwort von Lee Carroll

gebunden, Leseband,
256 Seiten, € 21,90
ISBN 978-3-939373-11-7

Leseproben auf www.amraverlag.de

Celia Fenn

Vom Abenteuer, als Indigo- oder Kristallmensch zu leben

Was haben die Kinder von heute mit unserer globalen Krise zu tun? Sie helfen uns, sie zu lösen. Indigos rütteln uns auf, Kristallkinder sind Friedensstifter. Durch ihre leichte Verletzbarkeit und ihr soziales Bewusstsein führen sie uns zu Liebe, Vergebung und Mitgefühl.

Woher kommen diese Kinder? Woran erkennen wir sie? Und wie bewirken sie unser persönliches Erwachen zu menschlichen Engeln und Kristallerwachsenen?

1 € pro Buch geht an das Kinderhilfsprojekt
»Starchild – Children of Africa«.

gebunden, Leseband,
192 Seiten, € 16,90
ISBN 978-3-939373-06-3

Leseproben auf www.amraverlag.de

Jonathan Goldman

Klangheilung

In diesem Standardwerk der Energiemedizin zeigt der bedeutendste Lehrer für Klangheilung im Westen, wie wir bewusst Schwingungen hervorrufen können, die ihren Weg durch die Materie nehmen – bis in die höchste Feinstofflichkeit hinein.

So kann unsere Stimme das Energiesystem jedes Menschen harmonisieren und Krankheiten aufheben. Wir können auf diese Weise sogar unsere Realität verändern. Das ist das Geheimnis und die Schöpferkraft des Obertongesangs.

Mit Anleitungs-CD zum Erlernen heilender Klänge!

gebunden, Leseband,
256 Seiten, € 22,90
ISBN 978-3-939373-04-9

Leseproben auf www.amraverlag.de

Horst Krohne

Neue Sicht des Geistigen Heilens

Wie stellt der Heiler eine Amalgam-Vergiftung fest? Wie geht er bei Krebs und AIDS vor? Seit dreißig Jahren ist Horst Krohne als spiritueller Heiler tätig und mittlerweile in ganz Europa ein Begriff. Er unterrichtet ein wissenschaftlich fundiertes System, das jedem Menschen die Möglichkeit bietet, geistige Heilweisen auszuüben.

Einer breiten Öffentlichkeit wurde Horst Krohne besonders durch seine Allergie-Behandlungen im Fernsehen bekannt – etwa auf ARTE, RTL und im ZDF.

gebunden, illustriert,
160 Seiten, € 14,90
ISBN 978-3-939373-01-8

Leseproben auf www.amraverlag.de

Stephen Simon

Die Macht ist mit Dir

Ist es möglich, dass bestimmte Filme spirituelle Botschaften enthalten, die uns über unser kollektives Unterbewusstsein geschickt werden – von uns selbst oder vom Universum?

Der Produzent von *Hinter dem Horizont* und Regisseur von *Gespräche mit Gott* erläutert als Hollywood-Insider die Entstehung und den spirituellen Gehalt von mehr als siebzig Kinoerfolgen wie *Star Wars, Matrix* und *Forrest Gump.*

»Dieses Buch schildert erstmals die Anfänge eines neuen Kinogenres – des spirituellen Films.«

James Redfield, Autor von *Die Prophezeiungen von Celestine*

gebunden, Leseband,
352 Seiten, € 19,90
ISBN 978-3-939373-21-6

Leseproben auf www.amraverlag.de

Wie geht es weiter mit der Welt?

www.AmraVerlag.de/2012.htm